This book belongs to:

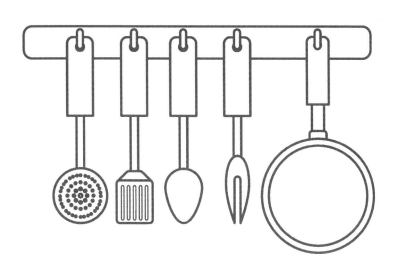

Table of Contents

Recipe	Page

Table of Contents

Recipe	Page

Table of Contents

Recipe	Page

Recipe: _____

Ingredients

_____   _____

_____   _____

_____   _____

_____   _____

_____   _____

_____   _____

_____   _____

_____   _____

_____   _____

Date: _____

Prep Time: _____

Cook Time: _____

Instructions

_____

_____

_____

_____

_____

_____

_____

_____

_____

_____

# of portions

Notes

Recipe: ————————

Ingredients

——————————— ———————————

——————————— ———————————

——————————— ———————————

——————————— ———————————

——————————— ———————————

——————————— ———————————

——————————— ———————————

——————————— ———————————

——————————— ———————————

——————————— ———————————

Date: ——————————————

Prep Time: ————

Cook Time: ————

Instructions

_____

_____

_____

_____

_____

_____

_____

_____

_____

_____

# of portions

Notes

Recipe: _____

Ingredients

_____   _____

_____   _____

_____   _____

_____   _____

_____   _____

_____   _____

_____   _____

_____   _____

_____   _____

_____   _____

Date: _____

Prep Time: _____

Cook Time: _____

RATING
★ ★ ★ ★ ★

Instructions

_____

_____

_____

_____

_____

_____

_____

_____

_____

_____

_____

# of portions

Notes

Recipe: _____

Ingredients

_____	_____
_____	_____
_____	_____
_____	_____
_____	_____
_____	_____
_____	_____
_____	_____
_____	_____

Date: _____

Prep Time: _____

Cook Time: _____

Instructions

_____

_____

_____

_____

_____

_____

_____

_____

_____

# of portions

_____

Notes

Recipe: _____

Ingredients

_____ _____

_____ _____

_____ _____

_____ _____

_____ _____

_____ _____

_____ _____

_____ _____

_____ _____

_____ _____

Date: _____

Prep Time: _____

Cook Time: _____

RATING

★ ★ ★ ★ ★

Instructions

# of portions

Notes

Recipe: _____

Ingredients

_____   _____

_____   _____

_____   _____

_____   _____

_____   _____

_____   _____

_____   _____

_____   _____

_____   _____

_____   _____

Date: _____

Prep Time: _____

Cook Time: _____

Instructions

_____

_____

_____

_____

_____

_____

_____

_____

_____

_____

# of portions

_____

Notes

Recipe: ⎯⎯⎯⎯⎯⎯⎯⎯⎯⎯⎯⎯⎯⎯⎯

Ingredients

⎯⎯⎯⎯⎯⎯⎯⎯⎯⎯ ⎯⎯⎯⎯⎯⎯⎯⎯⎯⎯

⎯⎯⎯⎯⎯⎯⎯⎯⎯⎯ ⎯⎯⎯⎯⎯⎯⎯⎯⎯⎯

⎯⎯⎯⎯⎯⎯⎯⎯⎯⎯ ⎯⎯⎯⎯⎯⎯⎯⎯⎯⎯

⎯⎯⎯⎯⎯⎯⎯⎯⎯⎯ ⎯⎯⎯⎯⎯⎯⎯⎯⎯⎯

⎯⎯⎯⎯⎯⎯⎯⎯⎯⎯ ⎯⎯⎯⎯⎯⎯⎯⎯⎯⎯

⎯⎯⎯⎯⎯⎯⎯⎯⎯⎯ ⎯⎯⎯⎯⎯⎯⎯⎯⎯⎯

⎯⎯⎯⎯⎯⎯⎯⎯⎯⎯ ⎯⎯⎯⎯⎯⎯⎯⎯⎯⎯

⎯⎯⎯⎯⎯⎯⎯⎯⎯⎯ ⎯⎯⎯⎯⎯⎯⎯⎯⎯⎯

⎯⎯⎯⎯⎯⎯⎯⎯⎯⎯ ⎯⎯⎯⎯⎯⎯⎯⎯⎯⎯

⎯⎯⎯⎯⎯⎯⎯⎯⎯⎯ ⎯⎯⎯⎯⎯⎯⎯⎯⎯⎯

Date: ⎯⎯⎯⎯⎯⎯⎯⎯⎯⎯⎯⎯⎯⎯⎯⎯

Prep Time: ⎯⎯⎯⎯⎯

Cook Time: ⎯⎯⎯⎯⎯

RATING
★ ★ ★ ★ ★

Instructions

_____

_____

_____

_____

_____

_____

_____

_____

_____

_____

# of portions

_____

Notes

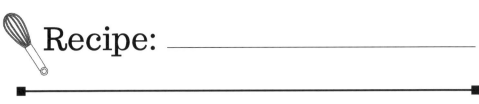

Recipe: _____

Ingredients

_____   _____

_____   _____

_____   _____

_____   _____

_____   _____

_____   _____

_____   _____

_____   _____

_____   _____

_____   _____

Date: _____

Prep Time: _____

Cook Time: _____

Instructions

_____

_____

_____

_____

_____

_____

_____

_____

_____

_____

# of portions

_____

Notes

Recipe: ⎯⎯⎯⎯⎯⎯⎯⎯⎯⎯⎯⎯⎯⎯

Ingredients

⎯⎯⎯⎯⎯⎯⎯⎯⎯⎯ ⎯⎯⎯⎯⎯⎯⎯⎯⎯⎯

⎯⎯⎯⎯⎯⎯⎯⎯⎯⎯ ⎯⎯⎯⎯⎯⎯⎯⎯⎯⎯

⎯⎯⎯⎯⎯⎯⎯⎯⎯⎯ ⎯⎯⎯⎯⎯⎯⎯⎯⎯⎯

⎯⎯⎯⎯⎯⎯⎯⎯⎯⎯ ⎯⎯⎯⎯⎯⎯⎯⎯⎯⎯

⎯⎯⎯⎯⎯⎯⎯⎯⎯⎯ ⎯⎯⎯⎯⎯⎯⎯⎯⎯⎯

⎯⎯⎯⎯⎯⎯⎯⎯⎯⎯ ⎯⎯⎯⎯⎯⎯⎯⎯⎯⎯

⎯⎯⎯⎯⎯⎯⎯⎯⎯⎯ ⎯⎯⎯⎯⎯⎯⎯⎯⎯⎯

⎯⎯⎯⎯⎯⎯⎯⎯⎯⎯ ⎯⎯⎯⎯⎯⎯⎯⎯⎯⎯

Date: ⎯⎯⎯⎯⎯⎯⎯⎯⎯⎯⎯⎯⎯⎯⎯⎯

Prep Time: ⎯⎯⎯⎯⎯

Cook Time: ⎯⎯⎯⎯⎯

RATING
★ ★ ★ ★ ★

Instructions

_____

_____

_____

_____

_____

_____

_____

_____

_____

_____

_____   # of portions

Notes

Recipe:

Ingredients

Date: _____

Prep Time: _____

Cook Time: _____

Instructions

_____

_____

_____

_____

_____

_____

_____

_____

_____

_____

# of portions

_____

Notes

Recipe: _____

Ingredients

_____   _____

_____   _____

_____   _____

_____   _____

_____   _____

_____   _____

_____   _____

_____   _____

_____   _____

_____   _____

Date: _____

Prep Time: _____

Cook Time: _____

RATING

★ ★ ★ ★ ★

Instructions

_____

_____

_____

_____

_____

_____

_____

_____

_____

_____

# of portions

Notes

Recipe: _____

Ingredients

_____	_____
_____	_____
_____	_____
_____	_____
_____	_____
_____	_____
_____	_____
_____	_____
_____	_____
_____	_____

Date: _____

Prep Time: _____

Cook Time: _____

Instructions

_____

_____

_____

_____

_____

_____

_____

_____

_____

_____

_____

# of portions

Notes

Recipe: ───────────────

Ingredients

_____ _____

_____ _____

_____ _____

_____ _____

_____ _____

_____ _____

_____ _____

_____ _____

_____ _____

_____ _____

Date: ─────────────────

Prep Time: ────

Cook Time: ────

RATING
★ ★ ★ ★ ★

Instructions

_____

_____

_____

_____

_____

_____

_____

_____

_____

_____

_____   # of portions

Notes

Recipe: _____

Ingredients

_____	_____
_____	_____
_____	_____
_____	_____
_____	_____
_____	_____
_____	_____
_____	_____
_____	_____
_____	_____

Date: _____

Prep Time: _____

Cook Time: _____

Instructions

_____

_____

_____

_____

_____

_____

_____

_____

_____

_____

_____

# of portions

Notes

Recipe: _____

Ingredients

_____   _____

_____   _____

_____   _____

_____   _____

_____   _____

_____   _____

_____   _____

_____   _____

_____   _____

_____   _____

Date: _____

Prep Time: _____

Cook Time: _____

RATING
★ ★ ★ ★ ★

Instructions

_____

_____

_____

_____

_____

_____

_____

_____

_____

_____

_____

# of portions

_____

Notes

Recipe:

Ingredients

Date:

Prep Time:

Cook Time:

Instructions

_____

_____

_____

_____

_____

_____

_____

_____

_____

_____

_____

# of portions

_____

Notes

Recipe: ───────────────

Ingredients

─────────── ───────────

─────────── ───────────

─────────── ───────────

─────────── ───────────

─────────── ───────────

─────────── ───────────

─────────── ───────────

─────────── ───────────

─────────── ───────────

─────────── ───────────

Date: ───────────────

Prep Time: ──────

Cook Time: ──────

RATING
★ ★ ★ ★ ★

Instructions

_____

_____

_____

_____

_____

_____

_____

_____

_____

_____

# of portions

_____

Notes

Recipe: _____

Ingredients

_____   _____

_____   _____

_____   _____

_____   _____

_____   _____

_____   _____

_____   _____

_____   _____

_____   _____

Date: _____

Prep Time: _____

Cook Time: _____

Instructions

_____

_____

_____

_____

_____

_____

_____

_____

_____

_____

# of portions

_____

Notes

Recipe: ───────────────

Ingredients

_____   _____

_____   _____

_____   _____

_____   _____

_____   _____

_____   _____

_____   _____

_____   _____

_____   _____

_____   _____

Date: ───────────────────

Prep Time: ──────

Cook Time: ──────

RATING
★ ★ ★ ★ ★

Instructions

_____

_____

_____

_____

_____

_____

_____

_____

_____

_____

# of portions

_____

Notes

Recipe: _____

Ingredients

_____   _____

_____   _____

_____   _____

_____   _____

_____   _____

_____   _____

_____   _____

_____   _____

_____   _____

_____   _____

Date: _____

Prep Time: _____

Cook Time: _____

Instructions

_____

_____

_____

_____

_____

_____

_____

_____

_____

_____

# of portions

_____

Notes

Recipe: ———————————————

Ingredients

_____   _____

_____   _____

_____   _____

_____   _____

_____   _____

_____   _____

_____   _____

_____   _____

_____   _____

_____   _____

Date: ——————————————————

Prep Time: ——————

Cook Time: ———————

Instructions

_____

_____

_____

_____

_____

_____

_____

_____

_____

_____

_____

_____
# of portions

Notes

Recipe: _____

Ingredients

_____   _____

_____   _____

_____   _____

_____   _____

_____   _____

_____   _____

_____   _____

_____   _____

_____   _____

_____   _____

Date: _____

Prep Time: _____

Cook Time: _____

Instructions

_____

_____

_____

_____

_____

_____

_____

_____

_____

_____

_____

_____
# of portions

Notes

Recipe: ⸺⸺⸺⸺⸺⸺⸺

Ingredients

⸺⸺⸺⸺⸺⸺⸺⸺⸺   ⸺⸺⸺⸺⸺⸺⸺⸺⸺

⸺⸺⸺⸺⸺⸺⸺⸺⸺   ⸺⸺⸺⸺⸺⸺⸺⸺⸺

⸺⸺⸺⸺⸺⸺⸺⸺⸺   ⸺⸺⸺⸺⸺⸺⸺⸺⸺

⸺⸺⸺⸺⸺⸺⸺⸺⸺   ⸺⸺⸺⸺⸺⸺⸺⸺⸺

⸺⸺⸺⸺⸺⸺⸺⸺⸺   ⸺⸺⸺⸺⸺⸺⸺⸺⸺

⸺⸺⸺⸺⸺⸺⸺⸺⸺   ⸺⸺⸺⸺⸺⸺⸺⸺⸺

⸺⸺⸺⸺⸺⸺⸺⸺⸺   ⸺⸺⸺⸺⸺⸺⸺⸺⸺

⸺⸺⸺⸺⸺⸺⸺⸺⸺   ⸺⸺⸺⸺⸺⸺⸺⸺⸺

⸺⸺⸺⸺⸺⸺⸺⸺⸺   ⸺⸺⸺⸺⸺⸺⸺⸺⸺

⸺⸺⸺⸺⸺⸺⸺⸺⸺   ⸺⸺⸺⸺⸺⸺⸺⸺⸺

Date: ⸺⸺⸺⸺⸺⸺⸺⸺⸺

Prep Time: ⸺⸺⸺

Cook Time: ⸺⸺⸺

RATING
★ ★ ★ ★ ★

Instructions

_____

_____

_____

_____

_____

_____

_____

_____

_____

_____

_____

# of portions

Notes

Recipe: _____

Ingredients

_____   _____

_____   _____

_____   _____

_____   _____

_____   _____

_____   _____

_____   _____

_____   _____

_____   _____

_____   _____

Date: _____

Prep Time: _____

Cook Time: _____

Instructions

_____

_____

_____

_____

_____

_____

_____

_____

_____

_____

# of portions

Notes

Recipe: ——————————

Ingredients

———————	———————
———————	———————
———————	———————
———————	———————
———————	———————
———————	———————
———————	———————
———————	———————
———————	———————
———————	———————
———————	———————

Date: ——————————

Prep Time: ————

Cook Time: ————

RATING
★ ★ ★ ★ ★

Instructions

_____

_____

_____

_____

_____

_____

_____

_____

_____

_____

_____

# of portions

Notes

Recipe: _____

Ingredients

_____   _____

_____   _____

_____   _____

_____   _____

_____   _____

_____   _____

_____   _____

_____   _____

_____   _____

_____   _____

Date: _____

Prep Time: _____

Cook Time: _____

Instructions

_____

_____

_____

_____

_____

_____

_____

_____

_____

_____

# of portions

_____

Notes

Recipe: _____

Ingredients

_____ _____
_____ _____
_____ _____
_____ _____
_____ _____
_____ _____
_____ _____
_____ _____
_____ _____
_____ _____

Date: _____

Prep Time: _____

Cook Time: _____

RATING
★ ★ ★ ★ ★

Instructions

_____

_____

_____

_____

_____

_____

_____

_____

_____

_____

_____

# of portions

Notes

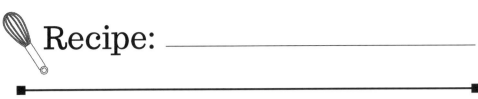# Recipe: ———————————

Ingredients

——————————— ———————————

——————————— ———————————

——————————— ———————————

——————————— ———————————

——————————— ———————————

——————————— ———————————

——————————— ———————————

——————————— ———————————

——————————— ———————————

Date: ———————————

Prep Time: ———

Cook Time: ———

Instructions

_____

_____

_____

_____

_____

_____

_____

_____

_____

_____

_____ # of portions

Notes

Recipe: _____

Ingredients

_____   _____

_____   _____

_____   _____

_____   _____

_____   _____

_____   _____

_____   _____

_____   _____

_____   _____

_____   _____

Date: _____

Prep Time: _____

Cook Time: _____

RATING
★ ★ ★ ★ ★

Instructions

_____

_____

_____

_____

_____

_____

_____

_____

_____

_____

# of portions

_____

Notes

Recipe: _____

Ingredients

_____	_____
_____	_____
_____	_____
_____	_____
_____	_____
_____	_____
_____	_____
_____	_____
_____	_____
_____	_____

Date: _____

Prep Time: _____

Cook Time: _____

Instructions

_____

_____

_____

_____

_____

_____

_____

_____

_____

_____

# of portions

Notes

Recipe:

Ingredients

Date: —————————————

Prep Time: ————

Cook Time: ————

Instructions

_____

_____

_____

_____

_____

_____

_____

_____

_____

_____

# of portions

Notes

 # Recipe: _____

Ingredients

_____   _____

_____   _____

_____   _____

_____   _____

_____   _____

_____   _____

_____   _____

_____   _____

_____   _____

_____   _____

Date: _____

Prep Time: _____

Cook Time: _____

Instructions

_____

_____

_____

_____

_____

_____

_____

_____

_____

_____

# of portions

_____

Notes

Recipe: _____

Ingredients

_____	_____
_____	_____
_____	_____
_____	_____
_____	_____
_____	_____
_____	_____
_____	_____
_____	_____

Date: _____

Prep Time: _____

Cook Time: _____

Instructions

_____

_____

_____

_____

_____

_____

_____

_____

_____

_____

_____

# of portions

Notes

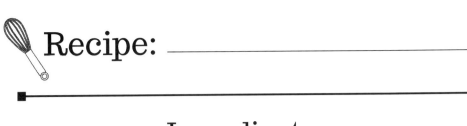

Recipe: ───────────────

Ingredients

─────────────   ─────────────

─────────────   ─────────────

─────────────   ─────────────

─────────────   ─────────────

─────────────   ─────────────

─────────────   ─────────────

─────────────   ─────────────

─────────────   ─────────────

─────────────   ─────────────

─────────────   ─────────────

Date: ───────────────

Prep Time: ────────

Cook Time: ────────

Instructions

_____

_____

_____

_____

_____

_____

_____

_____

_____

_____

# of portions

Notes

Recipe: _____

Ingredients

_____   _____

_____   _____

_____   _____

_____   _____

_____   _____

_____   _____

_____   _____

_____   _____

_____   _____

_____   _____

Date: _____

Prep Time: _____

Cook Time: _____

Instructions

_____

_____

_____

_____

_____

_____

_____

_____

_____

_____

_____

# of portions

Notes

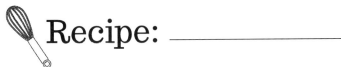

Recipe: ───────────

Ingredients

───────────── ─────────────

───────────── ─────────────

───────────── ─────────────

───────────── ─────────────

───────────── ─────────────

───────────── ─────────────

───────────── ─────────────

───────────── ─────────────

───────────── ─────────────

───────────── ─────────────

Date: ───────────

Prep Time: ───────

Cook Time: ───────

Instructions

_____

_____

_____

_____

_____

_____

_____

_____

_____

_____

_____

# of portions

Notes

Recipe: ───────────────

Ingredients

_____   _____

_____   _____

_____   _____

_____   _____

_____   _____

_____   _____

_____   _____

_____   _____

_____   _____

_____   _____

Date: ───────────────

Prep Time: ────────

Cook Time: ────────

Instructions

_____

_____

_____

_____

_____

_____

_____

_____

_____

_____

_____

# of portions

Notes

Recipe: ——————————

Ingredients

——————————— ———————————

——————————— ———————————

——————————— ———————————

——————————— ———————————

——————————— ———————————

——————————— ———————————

——————————— ———————————

——————————— ———————————

——————————— ———————————

——————————— ———————————

Date: ——————————

Prep Time: ———

Cook Time: ———

Instructions

_____

_____

_____

_____

_____

_____

_____

_____

_____

_____

_____

# of portions

Notes

Recipe: ———————————

Ingredients

————————————— —————————————

————————————— —————————————

————————————— —————————————

————————————— —————————————

————————————— —————————————

————————————— —————————————

————————————— —————————————

————————————— —————————————

————————————— —————————————

————————————— —————————————

Date: ————————————

Prep Time: ————

Cook Time: ————

Instructions

_____

_____

_____

_____

_____

_____

_____

_____

_____

_____

# of portions

_____

Notes

Recipe:

Ingredients

Date: _____

Prep Time: _____

Cook Time: _____

Instructions

_____

_____

_____

_____

_____

_____

_____

_____

_____

_____

_____

# of portions

Notes

Recipe: —————————————

Ingredients

_____   _____

_____   _____

_____   _____

_____   _____

_____   _____

_____   _____

_____   _____

_____   _____

_____   _____

Date: —————————————

Prep Time: ————

Cook Time: ————

Instructions

_____

_____

_____

_____

_____

_____

_____

_____

_____

_____

# of portions

Notes

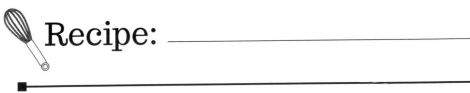

Recipe: _____

Ingredients

_____   _____

_____   _____

_____   _____

_____   _____

_____   _____

_____   _____

_____   _____

_____   _____

_____   _____

Date: _____

Prep Time: _____

Cook Time: _____

Instructions

_____

_____

_____

_____

_____

_____

_____

_____

_____

_____

# of portions

_____

Notes

Recipe: ⎯⎯⎯⎯⎯⎯⎯⎯⎯⎯⎯⎯⎯⎯

Ingredients

⎯⎯⎯⎯⎯⎯⎯⎯⎯⎯⎯⎯   ⎯⎯⎯⎯⎯⎯⎯⎯⎯⎯⎯⎯

⎯⎯⎯⎯⎯⎯⎯⎯⎯⎯⎯⎯   ⎯⎯⎯⎯⎯⎯⎯⎯⎯⎯⎯⎯

⎯⎯⎯⎯⎯⎯⎯⎯⎯⎯⎯⎯   ⎯⎯⎯⎯⎯⎯⎯⎯⎯⎯⎯⎯

⎯⎯⎯⎯⎯⎯⎯⎯⎯⎯⎯⎯   ⎯⎯⎯⎯⎯⎯⎯⎯⎯⎯⎯⎯

⎯⎯⎯⎯⎯⎯⎯⎯⎯⎯⎯⎯   ⎯⎯⎯⎯⎯⎯⎯⎯⎯⎯⎯⎯

⎯⎯⎯⎯⎯⎯⎯⎯⎯⎯⎯⎯   ⎯⎯⎯⎯⎯⎯⎯⎯⎯⎯⎯⎯

⎯⎯⎯⎯⎯⎯⎯⎯⎯⎯⎯⎯   ⎯⎯⎯⎯⎯⎯⎯⎯⎯⎯⎯⎯

⎯⎯⎯⎯⎯⎯⎯⎯⎯⎯⎯⎯   ⎯⎯⎯⎯⎯⎯⎯⎯⎯⎯⎯⎯

⎯⎯⎯⎯⎯⎯⎯⎯⎯⎯⎯⎯   ⎯⎯⎯⎯⎯⎯⎯⎯⎯⎯⎯⎯

Date: ⎯⎯⎯⎯⎯⎯⎯⎯⎯⎯⎯⎯⎯⎯⎯⎯

Prep Time: ⎯⎯⎯⎯⎯

Cook Time: ⎯⎯⎯⎯⎯

Instructions

_____

_____

_____

_____

_____

_____

_____

_____

_____

# of portions

_____

Notes

 # Recipe: ———————————

Ingredients

——————————— ———————————

——————————— ———————————

——————————— ———————————

——————————— ———————————

——————————— ———————————

——————————— ———————————

——————————— ———————————

——————————— ———————————

——————————— ———————————

Date: ————————————

Prep Time: ————

Cook Time: ————

Instructions

_____

_____

_____

_____

_____

_____

_____

_____

_____

_____

_____

# of portions

Notes

Recipe: ―――――――――――――――

Ingredients

――――――――――   ――――――――――
――――――――――   ――――――――――
――――――――――   ――――――――――
――――――――――   ――――――――――
――――――――――   ――――――――――
――――――――――   ――――――――――
――――――――――   ――――――――――
――――――――――   ――――――――――
――――――――――   ――――――――――
――――――――――   ――――――――――

Date: ――――――――――――――――

Prep Time: ―――――

Cook Time: ―――――

Instructions

_____

_____

_____

_____

_____

_____

_____

_____

_____

_____

# of portions

Notes

Recipe: _____

Ingredients

_____   _____

_____   _____

_____   _____

_____   _____

_____   _____

_____   _____

_____   _____

_____   _____

_____   _____

Date: _____

Prep Time: _____

Cook Time: _____

Instructions

_____

_____

_____

_____

_____

_____

_____

_____

_____

_____

_____

# of portions

Notes

Recipe: ―――――――――――――――

Ingredients

―――――――――――――――   ―――――――――――――――

―――――――――――――――   ―――――――――――――――

―――――――――――――――   ―――――――――――――――

―――――――――――――――   ―――――――――――――――

―――――――――――――――   ―――――――――――――――

―――――――――――――――   ―――――――――――――――

―――――――――――――――   ―――――――――――――――

―――――――――――――――   ―――――――――――――――

―――――――――――――――   ―――――――――――――――

―――――――――――――――   ―――――――――――――――

Date: ――――――――――――――――

Prep Time: ―――――

Cook Time: ―――――

Instructions

_____

_____

_____

_____

_____

_____

_____

_____

_____

_____

_____

# of portions

_____
| |
| Notes |
| |
| |
| |
| |
| |
|_____|

Recipe: ───────────────

Ingredients

_____   _____

_____   _____

_____   _____

_____   _____

_____   _____

_____   _____

_____   _____

_____   _____

_____   _____

_____   _____

Date: ─────────────────

Prep Time: ───────

Cook Time: ──────

Instructions

_____

_____

_____

_____

_____

_____

_____

_____

_____

_____

_____

_____
# of portions

Notes

 # Recipe: ───────────

Ingredients

_____	_____
_____	_____
_____	_____
_____	_____
_____	_____
_____	_____
_____	_____
_____	_____
_____	_____
_____	_____

Date: ─────────────────────

Prep Time: ─────

Cook Time: ─────

Instructions

_____

_____

_____

_____

_____

_____

_____

_____

_____

_____

_____

# of portions

Notes

 # Recipe: _____

Ingredients

_____   _____

_____   _____

_____   _____

_____   _____

_____   _____

_____   _____

_____   _____

_____   _____

_____   _____

_____   _____

Date: _____

Prep Time: _____

Cook Time: _____

RATING

Instructions

_____

_____

_____

_____

_____

_____

_____

_____

_____

_____

# of portions

Notes

Recipe: _____

Ingredients

_____   _____

_____   _____

_____   _____

_____   _____

_____   _____

_____   _____

_____   _____

_____   _____

_____   _____

Date: _____

Prep Time: _____

Cook Time: _____

Instructions

_____

_____

_____

_____

_____

_____

_____

_____

_____

_____

# of portions

Notes

Recipe: ───────────────

Ingredients

──────────────── ────────────────

──────────────── ────────────────

──────────────── ────────────────

──────────────── ────────────────

──────────────── ────────────────

──────────────── ────────────────

──────────────── ────────────────

──────────────── ────────────────

──────────────── ────────────────

──────────────── ────────────────

Date: ────────────────

Prep Time: ────────

Cook Time: ────────

Instructions

_____

_____

_____

_____

_____

_____

_____

_____

_____

_____

_____

# of portions

Notes

Recipe:

Ingredients

Date:

Prep Time:

Cook Time:

Instructions

_____

_____

_____

_____

_____

_____

_____

_____

_____

_____

# of portions

Notes

Recipe: ⎯⎯⎯⎯⎯⎯⎯⎯⎯

Ingredients

⎯⎯⎯⎯⎯⎯⎯⎯⎯⎯   ⎯⎯⎯⎯⎯⎯⎯⎯⎯⎯

⎯⎯⎯⎯⎯⎯⎯⎯⎯⎯   ⎯⎯⎯⎯⎯⎯⎯⎯⎯⎯

⎯⎯⎯⎯⎯⎯⎯⎯⎯⎯   ⎯⎯⎯⎯⎯⎯⎯⎯⎯⎯

⎯⎯⎯⎯⎯⎯⎯⎯⎯⎯   ⎯⎯⎯⎯⎯⎯⎯⎯⎯⎯

⎯⎯⎯⎯⎯⎯⎯⎯⎯⎯   ⎯⎯⎯⎯⎯⎯⎯⎯⎯⎯

⎯⎯⎯⎯⎯⎯⎯⎯⎯⎯   ⎯⎯⎯⎯⎯⎯⎯⎯⎯⎯

⎯⎯⎯⎯⎯⎯⎯⎯⎯⎯   ⎯⎯⎯⎯⎯⎯⎯⎯⎯⎯

⎯⎯⎯⎯⎯⎯⎯⎯⎯⎯   ⎯⎯⎯⎯⎯⎯⎯⎯⎯⎯

⎯⎯⎯⎯⎯⎯⎯⎯⎯⎯   ⎯⎯⎯⎯⎯⎯⎯⎯⎯⎯

⎯⎯⎯⎯⎯⎯⎯⎯⎯⎯   ⎯⎯⎯⎯⎯⎯⎯⎯⎯⎯

Date: ⎯⎯⎯⎯⎯⎯⎯⎯⎯

Prep Time: ⎯⎯⎯⎯

Cook Time: ⎯⎯⎯⎯

Instructions

_____

_____

_____

_____

_____

_____

_____

_____

_____

_____

_____

# of portions

Notes

Recipe: _____

Ingredients

_____   _____

_____   _____

_____   _____

_____   _____

_____   _____

_____   _____

_____   _____

_____   _____

_____   _____

Date: _____

Prep Time: _____

Cook Time: _____

Instructions

_____

_____

_____

_____

_____

_____

_____

_____

_____

_____

# of portions

_____

Notes

Recipe: _____

Ingredients

_____   _____

_____   _____

_____   _____

_____   _____

_____   _____

_____   _____

_____   _____

_____   _____

_____   _____

_____   _____

Date: _____

Prep Time: _____

Cook Time: _____

Instructions

_____

_____

_____

_____

_____

_____

_____

_____

_____

_____

# of portions

Notes

Recipe: ───────────────────

Ingredients

―――――――――――   ―――――――――――

―――――――――――   ―――――――――――

―――――――――――   ―――――――――――

―――――――――――   ―――――――――――

―――――――――――   ―――――――――――

―――――――――――   ―――――――――――

―――――――――――   ―――――――――――

―――――――――――   ―――――――――――

―――――――――――   ―――――――――――

Date: ───────────────────

Prep Time: ───────

Cook Time: ───────

Instructions

_____

_____

_____

_____

_____

_____

_____

_____

_____

_____

# of portions

_____

Notes

Recipe: ————————————

Ingredients

——————————————   ——————————————

——————————————   ——————————————

——————————————   ——————————————

——————————————   ——————————————

——————————————   ——————————————

——————————————   ——————————————

——————————————   ——————————————

——————————————   ——————————————

——————————————   ——————————————

——————————————   ——————————————

Date: ———————————————

Prep Time: ————————

Cook Time: ————————

Instructions

_____

_____

_____

_____

_____

_____

_____

_____

_____

_____

_____

_____
# of portions

Notes

Recipe: _____

Ingredients

_____	_____
_____	_____
_____	_____
_____	_____
_____	_____
_____	_____
_____	_____
_____	_____
_____	_____
_____	_____

Date: _____

Prep Time: _____

Cook Time: _____

Instructions

_____

_____

_____

_____

_____

_____

_____

_____

_____

_____

_____

# of portions

┌─────────────────────────────────────┐
│   Notes   │
│   │
│   │
│   │
│   │
│   │
│   │
└─────────────────────────────────────┘

Recipe: _____

Ingredients

_____   _____

_____   _____

_____   _____

_____   _____

_____   _____

_____   _____

_____   _____

_____   _____

_____   _____

_____   _____

Date: _____

Prep Time: _____

Cook Time: _____

Instructions

_____

_____

_____

_____

_____

_____

_____

_____

_____

_____

_____

# of portions

Notes

Made in the USA
Las Vegas, NV
08 March 2025

9b69d648-4a84-4562-9be3-3a21fada50e2R01